Hans Peter Brugger
Ralph Kappes

DIE LIEBLINGSWITZE
DEUTSCHER POLITIKER

Hans Peter Brugger
Ralph Kappes

DIE LIEBLINGSWITZE DEUTSCHER POLITIKER

Bibliografische Information der Deutschen Nationalbibliothek:
Die Deutsche Nationalbibliothek verzeichnet diese Publikation in der Deutschen Nationalbibliografie; detaillierte bibliografische Daten sind im Internet über http://d-nb.de abrufbar.

Für Fragen und Anregungen:
politikerwitze@rivaverlag.de

Originalausgabe
2. Auflage 2013
© 2013 by riva Verlag, ein Imprint der Münchner Verlagsgruppe GmbH
Nymphenburger Straße 86
D-80636 München
Tel.: 089 651285-0
Fax: 089 652096

Redaktion: Caroline Kazianka
Umschlaggestaltung: Maria Wittek
Satz: Georg Stadler, München
Druck: CPI – Ebner & Spiegel, Ulm
Printed in Germany

ISBN Print 978-3-86883-307-2
ISBN E-Book (PDF) 978-3-86413-349-7
ISBN E-Book (EPUB, Mobi) 978-3-86413-345-9

Weitere Informationen zum Verlag finden Sie unter

www.rivaverlag.de

Beachten Sie auch unsere weiteren Verlage unter
www.muenchner-verlagsgruppe.de

INHALT

VORWORT

Das Leben ist zu wichtig, um es ernst zu nehmen. In Wahljahren erst recht.

»Einmal pro Tag sollte man lachen können. Bitte schicken Sie uns Ihren Lieblingswitz.«

Mit dieser einfachen Anfrage haben wir Politikerinnen und Politiker gebeten, uns ihre aktuell liebsten Witze, Cartoons und Anekdoten zu verraten.

Die Sammlung ist eine Freude. Sie reiht sich ein in die lange Tradition geistreicher und gewitzter Bonmots von Staatsmännern und Staatsfrauen rund um den Globus. Diktatoren ausgenommen. Deren Markenzeichen sind die absolute Humorlosigkeit und ihre wahnhafte Angst vor Komik und Satire.

In der DDR erzählte man sich, Willy Brandt habe zu Walter Ulbricht gesagt: »Mein Hobby ist es, Witze zu sammeln, die Leute über mich erzählen.« Darauf Ulbricht: »Ich habe ein ganz ähnliches Hobby: Ich sammle Leute, die Witze über mich erzählen.«

Die Lieblingswitze der deutschen Politiker in diesem Buch zeugen von einer lebendigen Demokratie. Das Spektrum reicht von Wortwitz über Ironie bis zu deftigem, absurdem, schwarzem Humor, wie ihn auch Winston Churchill pfleg-

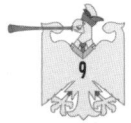

te. So soll sich in einer Parlamentsdebatte folgender Dialog zwischen ihm und seiner politischen Gegenspielerin Nancy Astor entwickelt haben.

Nancy Astor: »Winston, if you were my husband, I'd poison your tea.«
Churchill: »Nancy, if I were your husband, I'd drink it.«

Zu Deutsch: »Winston, wenn Sie mein Ehemann wären, würde ich Ihren Tee vergiften.«
Churchill: »Nancy, wenn ich Ihr Ehemann wäre, würde ich ihn trinken.«

Herrlich. Schon Schopenhauer meinte: »Jedes Lachen ist eine kleine Erleuchtung.« Und Goethe erklärte, nichts charakterisiere einen Menschen so treffend wie das, worüber er lache.

So ist dieses Buch im doppelten Sinn erheiternd und erhellend. Es ist ein witziger Persönlichkeitstest für die Erzähler wie für Sie, liebe Leserinnen und Leser.

Freuen Sie sich auf eine unterhaltsame, vergnügliche Reise durch alle deutschen Parteien und Bundesländer. Freuen Sie sich auf eine witzige Momentaufnahme der Politlandschaft im Wahljahr 2013.

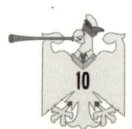

Wir danken allen Politikerinnen und Politikern für ihren Beitrag. Und Ihnen wünschen wir beste Unterhaltung.

Mit fröhlichen Grüßen

Hans Peter Brugger
Ralph Kappes

Special thanks an Tina Fedra, die uns grandios unterstützt hat.

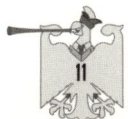

HOMMAGE AN KONRAD ADENAUER
Erster Bundeskanzler der Bundesrepublik Deutschland

Als Adenauer Kölner Oberbürgermeister war, soll sich ein nicht sonderlich fleißiger Mitarbeiter bei ihm über seine Schlaflosigkeit beklagt und ihn nach einem Mittel dagegen gefragt haben. Adenauers Rat war kurz: »Versuchen Sie doch mal zu arbeiten.«

DOROTHEE BÄR
MdB, Stv. Generalsekretärin der CSU, Mitglied im CSU–Bundesvorstand

Wie sind viele Deutsche in sieben Jahren Rot-Grün an ein kleines Vermögen gekommen?

Sie hatten vorher ein großes.

NORBERT BARTHLE

MdB, Haushaltspolitischer Sprecher der CDU/CSU–
Bundestagsfraktion, CDU

Treffen sich zwei U-Boote im Wald.

Sagt das eine: »Hey du!«

Sagt das andere: »Warum gerade ich?«

BÄRBEL BAS
MdB, SPD

Die Sprechstundenhilfe betritt das überfüllte Wartezimmer: »Wo ist denn der Herr, der dringend einen frischen Verband braucht?«

Antwortet einer der Wartenden: »Der ist schon wieder weg. Seine Wunde ist mittlerweile verheilt!«

SABINE BÄTZING-LICHTENTHÄLER
MdB, SPD

Die Tiere im Wald machen jeden Abend eine Party und betrinken sich, aber am nächsten Tag geht es immer allen total schlecht.

Eines Abends sagt der Fuchs: »Tiere im Wald, so geht es nicht mehr weiter. Wir Tiere des Waldes sollten ein Vorbild sein, aber wir kriegen nichts mehr auf die Reihe. Ab heute wird nichts mehr getrunken.« So wird es beschlossen.

Am nächsten Tag macht der Fuchs eine Kontrollrunde, dabei stellt er fest: Der Bär ist zwar noch etwas schlapp, und das Eichhörnchen hüpft nur ein bisschen herum, aber es geht allen Tieren deutlich besser. Und Häschen? Häschen steht an der Eiche und kotzt.

Fuchs: »Häschen, wir Tiere des Waldes haben uns versprochen, dass wir keinen Alkohol mehr trinken!«

Häschen entschuldigt sich: »Es waren nur noch Reste da, die habe ich ausgetrunken. Ab morgen kein Alkohol mehr.«

Am nächsten Tag macht Fuchs wieder seine Runde. Der Bär kommt ihm fröhlich singend entgegen. Das Eichhörnchen ist schon fleißig beim Nüssesammeln. Und Häschen? Häschen steht an der Eiche und kotzt.

Alle sind jetzt sauer. Fuchs, Bär und Eichhörnchen reden alle auf Häschen ein. Häschen entschuldigt sich vielfach und verspricht, nie wieder zu trinken. Die anderen drohen ihm an, es so richtig durchzuprügeln, wenn es sich nicht daran hält, dass die Tiere des Waldes keinen Alkohol mehr trinken.

Am nächsten Morgen geht der Fuchs wieder seine Runden. Bär macht Frühsport, und Eichhörnchen hat seinen Wintervorrat bereits zusammen. Und Häschen? Häschen ist nirgendwo zu finden.

Die Tiere suchen und suchen. Als sie am Teich in der Mitte des Waldes angelangt sind, sieht Bär, dass ein kleines Stückchen Stroh im Wasser seine Kreise zieht. Da ihm das merkwürdig vorkommt, zieht er daran und entdeckt, dass Häschen unten am Strohhalm hängt und völlig besoffen ist.

Der Fuchs ruft wütend: »Häschen, wir Tiere des Waldes hatten vereinbart, nichts mehr zu trinken.«

Lallt das Häschen: »Was ihr Tiere des Waldes macht, ist uns Fischen scheißegal.«

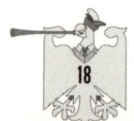

ERNST-REINHARD BECK

MdB, Vorsitzender des Kuratoriums der Bundeszentrale für politische Bildung, CDU

Der Herr Oberschulrat ist für einen Besuch in einer bayerischen Schule angekündigt. Natürlich wird die Schule für den Gast herausgeputzt, und die Schüler sind entsprechend vorbereitet. Als der Oberschulrat dann endlich vor den Schülern steht, fragt er im Beisein des Klassenlehrers: »Na, wem habt ihr denn die schöne Tafel und die bunten Kreiden zu verdanken?«

Alle Kinder melden sich, der aufgerufene Junge antwortet: »Dem hochverehrten Herrn Ministerpräsidenten Herrn Dr. Stoiber verdanken wir das!«

Die nächste Frage des Oberschulrats: »Und wem verdanken wir die Sporthalle und die Spielgeräte auf dem Schulhof?«

Eine Schülerin, die sich wie alle Kinder meldet, entgegnet: »Dem hochverehrten Herrn Ministerpräsidenten Herrn Dr. Stoiber verdanken wir das!«

Der Oberschulrat blickt aus dem Fenster und fragt: »Und, liebe Kinder, wem verdanken wir die Wiesen und Felder, die Berge und Flüsse, die wir hier sehen?«

19

Jetzt meldet sich nur ein Schüler und antwortet: »Dem lieben Gott!«

Der Klassenlehrer errötet und blickt den Oberschulrat demütig an: »Sie müssen entschuldigen, Herr Oberschulrat, aber sein Vater wählt SPD.«

KURT BECK

Ministerpräsident des Landes Rheinland-Pfalz a. D., SPD

Eines Tages verbreitet sich das Gerücht, das Finanzamt käme jetzt in die Savanne und den Urwald. Als Erstes haben es die Elefanten gehört – wohl wegen der großen Ohren. Sagt die Elefantenkuh zu ihrem Bullen: »Das Finanzamt kommt, wir sind verloren. Du lebst auf großem Fuß, ich lebe auf großem Fuß, selbst die Kinder leben schon auf großem Fuß. Und dann noch das teure Elfenbein. Nichts wie weg!«

Sie rennen also los und kommen bei den Leoparden vorbei. Die ganze Familie räkelt sich im Schatten. »Was ist denn los?«, ruft der Leopard den Elefanten zu. »Was rennt ihr denn so?«

Ruft der Elefantenbulle mit lauten Trompetentönen zurück: »Das Finanzamt kommt in den Urwald, und wir leben auf großem Fuß und dann noch unser teures Elfenbein – nichts wie weg.«

Weckt der Leopard seine Frau und die Kinder: »Steht auf, das Finanzamt kommt – und schau mal, wir haben alle teure Pelze, nichts wie weg!«

Als Nächstes kommen die Elefanten und Leoparden an einer Schneckenfamilie vorbei. »Was ein Gerenne, was

eine Unruhe in der Savanne«, ruft der Schneckerich ärgerlich.

Der Leopard daraufhin: »Haut bloß ab, das Finanzamt kommt.«

Der Schneckerich schubst seine Frau an: »Los«, ruft er, »hinterher, das Finanzamt kommt! Du weißt ja, du hast ein Haus, ich hab ein Haus, selbst unsere Kinder haben schon eigene Häuser – los, los, schnell hinterher!«

In großem Tempo kommen sie bei den Pavianen vorbei. »Was ist los, was soll die Rennerei?«, ruft der Sippenchef. »Das Finanzamt kommt«, antwortet die Schneckenmutter, »und wir mit unseren Häusern …«

Der Pavian trommelt die ganze Horde zusammen, und alle rennen los – immer schneller, immer weiter. Plötzlich bleibt das Alphaweibchen stehen, hält die Sippe an und fragt: »Warum rennen wir denn vor dem Finanzamt davon? Ich habe nichts am Hintern, du hast nichts am Hintern …, selbst die Kinder sind ganz bloß.«

DR. CHRISTOPH BERGNER

MdB, Parlamentarischer Staatssekretär beim Bundesminister des Innern, Beauftragter der Bundesregierung für Aussiedlerfragen und nationale Minderheiten, CDU

Treffen sich zwei Minister in der Straßenbahn …

FLORIAN BERNSCHNEIDER
MdB, Mitglied des Bundesvorstands der Jungen Liberalen, FDP

Fuchs, Hase und Bär wollen nicht zur Bundeswehr und grübeln, wie sie das am besten verhindern können. Da sagt der Hase zum Fuchs: »Du – ein Fuchs ohne Schwanz ist kein richtiger Fuchs, stimmt's?« Und schon greift er zur Schere und schneidet ihm den Schwanz ab. Nach einer halben Stunde kommt der Fuchs jubelnd von der Musterung zurück: »Ich muss nicht hin!«

»Für dich habe ich auch was!«, sagt der Bär zum Hasen.

»Ein Hase ohne Ohren ist kein richtiger Hase!« Und schwupp hat er ihm die Ohren abgerissen. Auch der Hase wird daraufhin ausgemustert.

Aber was soll mit dem Bären geschehen? Da hat der Fuchs die rettende Idee: »Ein Bär ohne Zähne ist kein richtiger Bär!« Er holt also aus und schlägt dem Bären die Vorderfront weg. Bitterlich weinend kommt der Bär später von der Musterung zurück.

»Was ist los«, fragen die beiden anderen, »haben sie dich etwa genommen?«

»Nein«, schluchzt der Bär, »fu groff un fu fwer …«

24

LOTHAR BINDING
MdB, SPD

Angela Merkel und Nicolas Sarkozy treffen sich zum Expertengespräch …

MATTHIAS W. BIRKWALD
MdB, Rentenpolitischer Sprecher der Bundestagsfraktion Die Linke

Der Abgeordnete hatte einen Autounfall und liegt im Krankenhaus. Am Abend erreicht ihn eine E-Mail: »Wir wünschen gute Genesung mit 128 zu 36 Stimmen bei 21 Enthaltungen. Die Fraktion.«

JENS BÖHRNSEN

Präsident des Senats und Bürgermeister der Freien Hansestadt Bremen, SPD

Der Bräutigam Joschele kommt zu Schlomo, dem Schneider, und bittet ihn, eine Hose für seine Hochzeit in drei Wochen zu nähen. Nach einer Woche kommt er wieder und fragt: »Na, wie sieht's aus? Was macht die Hose?«

»Ich bin dabei«, erklärt Schlomo, »Geduld, Geduld.«

Joschele geht, kommt drei Tage später wieder, fragt nach seiner Hose und hört die gleiche Antwort: »Ich bin dabei, Geduld, Geduld.«

Nach drei Tagen ist er erneut da, schon etwas unruhig, da sagt der Schneider: »Morgen kannst du kommen.«

Am nächsten Tag ist die Hose fertig. Joschele probiert sie an. Sie passt. Und sie gefällt ihm. Er strahlt, aber dann fragt er: »Schlomo, wie kannst du mir das erklären: Gott erschafft die Welt in sechs Tagen, und du brauchst für diese Hose zwei Wochen.« Schlomo: »Joschele – schau dir die Welt an! Schau dir die Hose an!«

WOLFGANG BOSBACH
MdB, Vorsitzender des Innenausschusses des Deutschen Bundestages, CDU

Drei werdende Väter warten auf die Geburt ihrer Kinder: ein Kölner, ein Düsseldorfer und ein Farbiger. Nach langem Warten erscheint endlich der Arzt und verkündet: »Männer, ich habe eine gute Nachricht und eine schlechte Nachricht. Die gute Nachricht: Sie haben alle einen gesunden Sohn bekommen! Die schlechte Nachricht: Wir haben die Kinder nach der Geburt leider vertauscht!«

Sofort rennt der Kölner los, kommt nach wenigen Minuten mit dem farbigen Baby wieder und ruft voller Inbrunst: »Mein Sohn, mein Sohn, mein Sohn!«

Daraufhin der Arzt: »Also eins steht fest, das ist auf keinen Fall Ihr Kind!«

»Ja«, sagt daraufhin der Kölner, »das weiß ich selber. Aber es ist auch auf keinen Fall ein Düsseldorfer.«

MICHAEL BRAND

MdB, Stv. Vorsitzender im Ausschuss für Menschenrechte und humanitäre Hilfe des Bundestages, CDU

Treffen sich ein Thunfisch und ein Walfisch. Fragt der Walfisch: »Was sollen wir tun, Fisch?«

Sagt der Thunfisch: »Du hast die Wahl, Fisch!«

HEIKE BREHMER
MdB, CDU

George W. Bush fährt mit seinem Chauffeur über Land. Plötzlich überfährt der ein Huhn. Wer soll es dem Bauern beibringen? Bush großmütig zu seinem Chauffeur: »Lassen Sie mich mal machen. Ich bin der mächtigste Mann der Welt. Der Bauer wird es verstehen.«

Gesagt, getan. Nach einer Minute kommt Bush atemlos zurückgehetzt: blaues Auge, Oberkiefer lädiert, den Hintern reibend. »Schnell weg hier!«

Die beiden fahren weiter. Plötzlich überfährt der Chauffeur ein Schwein. Bush schaut ängstlich zum Chauffeur: »Jetzt gehen aber Sie!«

Der Chauffeur geht also zum Bauernhof. Bush wartet zehn Minuten, 20 Minuten … Nach einer Stunde erscheint der Chauffeur singend, freudestrahlend, die Taschen voller Geld und mit einem dicken Schinken unter dem Arm.

Fragt ihn Bush: »Was haben Sie dem Bauern denn gesagt?«

»Guten Tag. Ich bin der Fahrer von George Bush. Das Schwein ist tot!«

Neulich trifft Angie den Oskar auf einer Galaveranstaltung. Da meint sie zu ihm: »Es mag wohl viele Arten geben, Geld zu verdienen, aber nur eine ehrliche!«

»Und welche soll das sein?«, fragt Oskar.

Darauf Angie: »Ich wusste doch, dass Sie die nicht kennen.«

RAINER BRÜDERLE
MdB, Bundesminister für Wirtschaft und Technologie a. D., Vorsitzender der FDP-Bundestagsfraktion

Im Jahr 2008 hat die Londoner Times *einen Wettbewerb veranstaltet, in dem die besten Witze über den Kommunismus gesucht wurden. Mein Favorit dabei war folgender:*

Frage: »Warum operiert der KGB immer in Dreier-Teams?«

Antwort: »Einer kann lesen, einer kann schreiben, der dritte überwacht die beiden Intellektuellen.«

Aber auch den Gewinner des Wettbewerbs will ich nicht vorenthalten:

Drei Arbeiter sitzen im Gefängnis und erzählen einander, wie sie dorthin gekommen sind.

Der erste sagt: »Ich war immer zehn Minuten zu spät bei der Arbeit. Mir hat man Sabotage vorgeworfen.«

Darauf der zweite: »Ich kam immer zehn Minuten zu früh zur Arbeit. Mir hat man Spionage vorgeworfen.«

Sagt der dritte: »Ich kam immer pünktlich zur Arbeit. Mir hat man vorgeworfen, dass ich eine Uhr aus dem Westen hätte.«

DR. BERND BUCHHOLZ
Rechtsanwalt und FDP-Kandidat für den Bundestag, Vorstandsvorsitzender a. D. Gruner + Jahr AG

Steht ein Schwein vor einer Steckdose und sagt: »Wer hat dich doofe Sau denn eingemauert?«

ERNST BURGBACHER
MdB, FDP

Der Lehrer trifft seinen ehemals schwächsten Mathematik-
schüler, der sich als erfolgreicher Unternehmer vorstellt.
Auf die Frage, wie dies ohne Mathematikkenntnisse mög-
lich sei, antwortet der Schüler: »Ganz einfach! Ich betreibe
einen erfolgreichen Handel. Ich kaufe das Stück zu zwei
Euro, verkaufe es für fünf Euro, und von den drei Prozent
Differenz lebe ich.«

DR. DIETER DEHM
MdB, Landesvorsitzender der Linkspartei Niedersachsen, Die Linke

Einmal besucht ein berühmter Karnevalist den Bundestag und kommt am Büro der Grünen vorbei. Da hängt draußen ein Aufkleber: »Erst wenn der letzte Baum gefällt und der letzte Fluss vergiftet ist, werdet ihr merken, dass man Geld nicht essen kann.«

Daneben steht in Sütterlinschrift: »Für Sexismus-Verbot!«

Da kommt Frau Künast heraus, und der Karnevalist sagt zu ihr: »Erst wenn der letzte Chauvi ins Ausland vertrieben ist und der letzte Sexist hinter Gittern sitzt, werdet ihr merken, dass Vibratoren keine Koffer tragen!«

DR. BIJAN DJIR-SARAI
MdB, Mitglied des FDP-Landesvorstands-NRW

Ein Nordkoreaner will nach Amerika auswandern. Bei der Einwanderungsbehörde wird er nach dem Grund für seine Ausreise aus Nordkorea gefragt. Daraufhin antwortet er: »Ich will zum Zahnarzt.«

Da meint der Beamte: »Dafür müssen Sie doch nicht auswandern. Gibt es denn in Nordkorea keine Zahnärzte?«

Der Nordkoreaner zurück: »Doch, aber dort darf man nie den Mund aufmachen.«

KATJA DÖRNER
MdB, Bündnis 90/Die Grünen

Edmund Stoiber ist zu Gast bei der Queen in London. Nach ein bisschen Smalltalk fragt er die Queen, was das Geheimnis ihres großen Erfolges ist. Die Queen meint, man müsse nur viele intelligente Leute um sich herum haben.

»Wie wissen Sie, ob jemand intelligent ist?«, fragt Stoiber daraufhin.

»Lassen Sie es mich demonstrieren«, antwortet die Queen. Sie greift zum Telefon, ruft Tony Blair an und stellt ihm eine Frage: »Mr Premierminister. Es ist der Sohn Ihres Vaters, ist aber nicht Ihr Bruder. Wer ist es?«

Ohne zu zögern, antwortet Tony Blair: »Ganz einfach, das bin ich!«

»Sehen Sie«, sagt die Queen, »so teste ich die Intelligenz der Leute, die um mich herum sind.«

Begeistert fliegt Stoiber zurück nach Deutschland. Zu Hause angekommen, ruft er sofort Gerhard Schröder an, um ihm dieselbe Frage zu stellen. »Es ist der Sohn deines Vaters, ist aber nicht dein Bruder. Wer ist es?«

Nach langem Hin und Her sagt Schröder: »Ich habe keine Ahnung, ich werde aber versuchen, die Antwort bis morgen herauszufinden!«

Aber Schröder kommt und kommt nicht drauf und ruft letztendlich bei Joschka Fischer an. »Es ist der Sohn deines Vaters, ist aber nicht dein Bruder. Wer ist es?«, fragt er Fischer.

»Ganz leicht, das bin ich!«, antwortet Fischer.

Glücklich, die Antwort gefunden zu haben, ruft Schröder bei Stoiber an und jubelt: »Ich hab die Antwort, es ist der Fischer!«

Darauf brüllt Stoiber ihn triumphierend an: »Nein, du Trottel, es ist der Tony Blair!«

GARRELT DUIN
MdB bis 26.2.2012, SPD

Kommen ein Schwuler, eine Ossi, ein Rolli-Fahrer und ein Vietnamese in eine Kneipe.

Fragt der Wirt: »Was seid ihr denn für eine drollige Truppe?«

»Die Bundesregierung!«

INGO EGLOFF
MdB, SPD

Nach einer Sitzung des französischen Parlaments sagt ein Abgeordneter zu General de Gaulle: »Mon dieu, mon dieu, was soll aus Frankreich werden?«

De Gaulle antwortet: »Wenn wir unter uns sind, reicht es, wenn sie ›mon général‹ zu mir sagen.«

Und als Jurist und Mitglied des Rechtsausschusses habe ich auch noch einen Juristenwitz.

Zwei Ballonfahrer haben sich verflogen. Da sehen sie unter sich einen Mann auf einem Feld stehen. Sie lassen den Ballon herunter bis auf 30 Meter und rufen: »Hallo, können Sie uns sagen, wo wir sind?«

Der Mann schaut hoch und sagt: »Sie befinden sich im Korb eines Fesselballons circa 30 Meter über der Erde.«

Da sagt der eine Ballonfahrer zum anderen: »Das muss ein Jurist sein, die Antwort war absolut präzise, aber man kann nichts damit anfangen.«

DR. DAGMAR ENKELMANN
MdB, Erste Parlamentarische Geschäftsführerin der Fraktion Die Linke

Zu seinem Geburtstag bekam der Bundestagspräsident vom Vorsitzenden der Fraktion Die Linke im Deutschen Bundestag folgende Grußkarte:

»… und möchten wir Ihnen herzlich gratulieren – mit 34 Ja- gegen zwölf Nein-Stimmen, bei sechs Enthaltungen und zwei ungültigen Stimmen.«

41

GERNOT ERLER
MdB, Stellvertretender Vorsitzender der SPD-Bundestagsfraktion

Den hat Bundespräsident Johannes Rau gerne erzählt:

»Was machst du, wenn du eine Million im Lotto gewinnst?«

»Dann bezahle ich meine Schulden.«

»Und was ist mit dem Rest?«

»Der muss noch warten!«

DIRK FISCHER
MdB, Mitglied des CDU-Bundesvorstands

In Stuttgart findet eine Ausstellung von Rasse-Rauhaardackeln statt. Dorthin verirrt sich ein Mischlingshund, ein richtiger Straßenköter. Er fragt einen Rasse-Rauhaardackel: »Wie heißt du denn?«

Antwort: »Bello von Bellheim.«

Fragt der Rasse-Rauhaardackel zurück: »Und wie heißt du?«

Antwort: »Runter vom Sofa.«

GABRIELE FOGRASCHER
MdB, SPD

Eisbärenmama und Eisbärenbaby sitzen auf einer Eisscholle.

Eisbärenbaby: »Bist du ein richtiger Eisbär?«

Eisbärenmama: »Ja, mein Kind.«

Eisbärenbaby: »Und Papa, ist der auch ein richtiger Eisbär?«

Eisbärenmama: »Ja, mein Kind.«

Eisbärenbaby: »Und Oma und Opa, sind das auch richtige Eisbären?«

Eisbärenmama: »Ja, mein Kind, aber warum fragst du?«

Eisbärenbaby: »Mir ist so kalt!«

OTTO FRICKE
MdB, Parlamentarischer Geschäftsführer der FDP-Fraktion

Was passiert, wenn man den Sozialismus in der Sahara einführt?

Lange Zeit gar nichts! Dann wird der Sand knapp.

HANS-JOACHIM FUCHTEL
MdB, Parlamentarischer Staatssekretär bei der Bundesministerin für Arbeit und Soziales, CDU

Drei Handwerker diskutieren über das Alter ihres Berufes. Jeder glaubt, den älteren zu haben.

Sagt der Maurer: »Ich habe den ältesten Beruf, wir Maurer haben schon die Pyramiden in Ägypten gebaut!«

Antwortet der Gärtner: »Das ist doch gar nichts. Mein Beruf ist noch älter, wir Gärtner haben schon den Garten Eden gepflanzt!«

Sagt der Elektriker: »Ach was! Die Elektriker waren die ersten Handwerker: Als Gott sprach, es werde Licht, hatten wir schon vorher die Leitungen verlegt.«

HANS-DIETRICH GENSCHER

Bundesminister des Innern/Bundesminister des Auswärtigen/Stellvertreter des Bundeskanzlers/ Bundesvorsitzender der FDP a. D.

Eva fragt Adam: »Liebst du mich?«

Adam: »Wen sonst?«

DR. WOLFGANG GERHARDT
MdB, Staatsminister a. D., FDP

Der Heilige Vater besucht nach langem Zureden durch seine Kardinäle, die öfter einmal in die Sauna des Vatikans gehen, die Sauna. Nach dem Saunabesuch äußert er sich höchst zufrieden darüber und bemerkt, dass es ihm sehr gutgetan habe und er überlege, auch in der nächsten Woche wieder einen Saunabesuch vorzunehmen. Die Kardinäle machen ihn darauf aufmerksam, dass es wohl in der nächsten Woche nicht ginge, weil in der nächsten Woche eine gemischte Sauna vorgesehen sei. Daraufhin entgegnet der Papst, dass ihn die paar Evangelischen nicht stören würden.

EBERHARD GIENGER
MdB, CDU

Treffen sich zwei Tierkinder, sagt das eine: »He, was bist du denn für einer?«

»Ich bin ein Wolfshund!«

»Wolfshund kenne ich nicht.«

Antwortet der Wolfshund: »Na ganz einfach, mein Vater ist ein Wolf und meine Mama ein Hund! Und was bist du?«

»Ich bin ein Ameisenbär!«

Sagt der Wolfshund: »Nee, das glaub ich nicht …«

ANGELIKA GRAF
MdB, SPD

Was ist ein Keks unter einem Baum?

Ein schattiges Plätzchen.

PROF. MONIKA GRÜTTERS
MdB, Mitglied im Landesvorstand der CDU Berlin

Eine verheiratete Frau hat ihren Liebhaber zu Gast, als plötzlich und unerwartet der Ehemann nach Hause kommt.

Kurz entschlossen springt der Liebhaber in den Kleiderschrank. Der Sohn des Hauses folgt ihm auf dem Fuß und springt ebenfalls in den Schrank.

Sohn: »Ganz schön dunkel hier …«
Mann: »Was willst du denn hier?«
Sohn: »Ich könnte dir meinen Fußball verkaufen. Für 200 Euro gehört er dir.«

Der Mann willigt zähneknirschend in das Geschäft ein.

Einige Tage nach dieser fragwürdigen Transaktion drückt den Sohn das schlechte Gewissen, die Notsituation des Liebhabers so schamlos ausgenutzt zu haben. Also beschließt er, zur Beichte zu gehen. Er geht also in den Beichtstuhl und beginnt.

Sohn: »Ganz schön dunkel hier …«

Prompt kommt die Antwort: »Nicht du schon wieder.«

OLAV GUTTING
MdB, CDU

Der kleine Sohn fragt den Vater, was Politik ist. Der Vater meint: »Nehmen wir zum Beispiel unsere Familie. Ich bringe das Geld nach Hause, also nennen wir mich Kapitalismus. Deine Mutter verwaltet das Geld, also nennen wir sie die Regierung. Wir beide kümmern uns fast ausschließlich um dein Wohl, also bist du das Volk. Unser Dienstmädchen ist die Arbeiterklasse, und dein kleiner Bruder, der noch in den Windeln liegt, ist die Zukunft. Hast du das verstanden?«

Der Sohn ist erst einmal zufrieden. In der Nacht erwacht er, weil sein kleiner Bruder in die Windeln gemacht hat und schreit. Er steht auf und geht ins elterliche Schlafzimmer, doch seine Mutter liegt im Tiefschlaf und lässt sich nicht wecken. Also geht er zum Dienstmädchen und findet dort seinen Vater bei ihr im Bett. Doch auch die beiden lassen sich nicht wecken. Also geht er wieder in sein Bett und schläft weiter.

Am Morgen fragt ihn sein Vater, ob er noch weiß, was Politik ist. Der Sohn antwortet: »Ja, jetzt weiß ich es genau. Der Kapitalismus missbraucht die Arbeiterklasse, während die Regierung schläft. Das Volk wird total ignoriert, und die Zukunft ist voll mit Kacke!«

DR. GREGOR GYSI
MdB, Vorsitzender der Fraktion Die Linke

Es handelt sich um einen jüdischen Witz. Er beschreibt meines Erachtens die Dialektik.

Ein Jude trifft seinen Bruder und erzählt ihm verärgert, dass er den Rabbiner gefragt habe, ob er beim Beten rauchen dürfe, was ihm dieser untersagt habe.

Daraufhin erklärt der Bruder: »Du Depp, du hättest ihn natürlich fragen müssen, ob du beim Rauchen beten darfst. Das hätte er dir bestimmt erlaubt.«

HANS-JOACHIM HACKER
MdB, SPD

Welche drei großen Weltraum-Nationen der Erde beginnen mit U, und was sind ihre Leistungen in der Eroberung des Weltalls?

1. Die UdSSR, denn sie haben mit Sputnik den ersten Satelliten und mit Juri Gagarin den ersten Menschen ins Weltall befördert.

2. Die USA, denn sie haben als erste Nation einen Menschen auf den Mond gebracht.

3. Unsere kleine DDR, denn sie nutzt intensiv das natürliche Mondlicht als Nachtbeleuchtung unserer Städte.

JÜRGEN HARDT
MdB, CDU

Moses flieht mit dem Volk Israel aus Ägypten. Sie erreichen das Rote Meer, bedrängt von der verfolgenden Armee des Pharao.

Am Ufer fragt der ratlose Moses: »Pressesprecher, was machen wir jetzt?«

Der Pressesprecher antwortet: »Keine Ahnung, aber wenn Sie jetzt die Fluten teilen und wir trockenen Fußes hinübergelangen und dann die Wellen die Feinde hinter uns verschlingen, garantiere ich Ihnen vier Seiten im Alten Testament.«

MICHAEL HARTMANN
MdB, Innenpolitischer Sprecher der SPD-Fraktion

Gott beschließt eines Tages, die sündige Erde zu vernichten, denn er hat genug von dem Elend, das er da täglich sehen muss. Also ruft er die drei größten Staatenlenker zu sich: aus Russland Wladimir Putin, aus den USA Bill Clinton und aus Deutschland Gerhard Schröder. Die drei treten zitternd vor seinen Thron und hören die Botschaft. Und Gott befiehlt ihnen, dass sie ihre Völker über den Inhalt informieren.

Putin ruft bei seiner Rückkehr das Parlament zusammen. »Ich habe zwei schlechte Nachrichten zu überbringen: 1. Es gibt Gott. 2. Er wird die Erde vernichten.«

Clinton ruft beide Häuser des Kongresses zusammen und sagt: »Ich habe eine gute und eine schlechte Nachricht zu überbringen: 1. Es gibt Gott. 2. Er wird die Erde vernichten.«

Schröder fängt gar nicht erst an, das Parlament zusammenzurufen. Stattdessen hält er eine Fernsehansprache an die Nation und sagt: »Ich habe zwei gute Nachrichten zu verkünden: 1. Gott redet mit Gerhard Schröder. 2. Ich werde euch regieren bis ans Ende der Welt.«

THOMAS HEILMANN
Senator für Justiz und Verbraucherschutz Berlin, CDU

»Du kennst mich doch, ich hab nichts gegen Fremde. Einige meiner besten Freunde sind Fremde. Aber diese Fremden da sind nicht von hier!«

Ein Zitat aus Asterix & Obelix, Das Geschenk Cäsars

FRANK HEINRICH
MdB, CDU

Der Weltmeister im Zählen verlässt fröhlich die gewonnenen Meisterschaften und steigt in den Zug nach Hause. Im Zug trifft er auf einen Bauern. Sie kommen ins Gespräch. Der Bauer fragt neugierig, was er denn mache, und der Zählweltmeister berichtet. Der Bauer ist fassungslos und nimmt seinem Gegenüber kein Wort ab.

»Sie machen sich wohl lustig über mich?«

Darauf sagt der Zählweltmeister, dass er es ihm gerne beweisen würde. Also macht der Bauer den Vorschlag: »Kurz vor meinem Bahnhof kommt eine Weide, auf der meine Schafe stehen. Wenn Sie als der Zählweltmeister mir im Vorbeifahren sagen können, wie viele Schafe darauf stehen, haben Sie mich überzeugt.«

Sie fahren also weiter, die Weide kommt, der Bauer weist auf die Herde, und der Zählweltmeister sagt, ohne lange zu überlegen: »139.«

Der Bauer ist beeindruckt und fragt, wie er das so schnell herausgefunden habe.

»Na ja«, sagt der Weltmeister, »Beine zählen und durch vier teilen!«

58

INGRID HÖNLINGER
MdB, Bündnis 90/Die Grünen

Der Name Handy wurde von einem Schwaben erfunden. Als er so ein Ding zum ersten Mal sah, fragte er ganz erstaunt: »Hänn die koi Schnur?«

DR. FRANZ JOSEF JUNG

MdB, Bundesminister der Verteidigung a. D., Vorsitzender des Parlamentarischen Beirats für nachhaltige Entwicklung, CDU

Der rheinlandpfälzische Ministerpräsident Kurt Beck lädt den Parteivorsitzenden der SPD, Sigmar Gabriel, in den Weinkeller der Staatskanzlei in Mainz ein. Bei einem Glas guten französischen Rotweins möchte Kurt Beck mit dem Parteivorsitzenden der SPD über die Erfolgsaussichten der Wahlen in Frankreich sprechen.

Bevor es zu dem Gespräch kommt, holt der Ministerpräsident einen erstklassigen Grand Cru sowie einen Korkenzieher aus dem Weinschrank. Dann klingelt das Telefon von Kurt Beck. Der Ministerpräsident verlässt für ein kurzes Gespräch den Raum. Beim Rausgehen gibt er Sigmar Gabriel die Flasche, zeigt auf das Etikett und sagt: »Bordeaux! Machst du schon mal auf?«

Als er wieder hereinkommt, sieht er, wie Sigmar Gabriel versucht, mit dem Korkenzieher durch das Etikett in die Flasche zu bohren. Kurt Beck fragt den Parteivorsitzenden entsetzt: »Sigi, was machst du denn da?« Darauf antwortet Gabriel: »Wieso, du hast doch gesagt: Bohr do!«

PROF. DR. EGON JÜTTNER
MdB, CDU

Gerhard Schröder kommt in den Himmel und wird von Petrus begrüßt. Er blickt sich um und sieht eine riesige Zahl von Uhren. Schröder fragt Petrus, was das bedeuten soll. »Nun, jede Regierung der Welt hat eine Uhr. Wenn die Regierung eine Fehlentscheidung trifft, rücken die Zeiger ein Stück weiter.«

Schröder schaut noch einmal in die Runde und fragt dann: »Und wo ist unsere Uhr?«

»Tja«, meint Petrus, »die hängt in der Küche als Ventilator!«

DR. H. C. SUSANNE KASTNER
MdB, Vorsitzende des Verteidigungsausschusses des Deutschen Bundestages, SPD

Ein Gärtner zeigt einem Pfarrer seine sehr gepflegte Gartenanlage. Der Pfarrer ist beeindruckt von der Pracht und sagt: »Das hat der Herr aber schön wachsen lassen!«

Ein Stückchen weiter wiederholt der Pfarrer sein Lob für Gottes Werk. Nach dem dritten Mal ist der Gärtner sehr verärgert, weil seine eigene Arbeit in keiner Weise gewürdigt wurde. Daraufhin führt er den Pfarrer in die hinterste Ecke des Gartens, wo alles wild durcheinanderwächst. Der Pfarrer ist entsetzt und fragt: »Was ist denn hier los?«

Da sagt der Gärtner: »Hier habe ich es wachsen lassen, wie der Herr es wollte!«

SILVANA KOCH-MEHRIN
Mitglied des Europäischen Parlaments, FDP

Mein Mann James kommt aus Irland, und der irische Sinn für Humor und das Über-sich-selbst-lachen-Können sind legendär. Also habe ich einen irischen Witz gewählt.

Jeden Abend geht Jim in den Pub in seinem Dorf. Dort bestellt er, Abend für Abend, drei Pint Guinness gleichzeitig. Denn seine Brüder John und Jack sind nach Australien und Amerika ausgewandert, und sie haben als Zeichen der Verbundenheit das Ritual, eben jeden Abend in ihren jeweiligen Stamm-Pub zu gehen und im gegenseitigen Andenken drei Pint zu bestellen: eines für John, eines für Jack und eines für Jim. So geht das jahrelang, der Barkeeper braucht schon keine Erklärung mehr für diese etwas ungewöhnliche Bestellung: Drei Pint stehen auf dem Tresen, sobald Jim in den Pub kommt.

Eines Abends allerdings sagt Jim: »Bitte nur noch zwei Pint.«

Es folgt betretenes Schweigen im Pub. Alle Stammgäste schauen betroffen, schließlich räuspert sich der Barkeeper und sagt: »Mein herzliches Beileid. Wer ist denn gestorben, John oder Jack?«

Daraufhin Jim: »Ach was, ist nichts passiert, nur ich, ich habe aufgehört zu trinken.«

DR. H. C. JÜRGEN KOPPELIN
MdB, Landesvorsitzender der FDP Schleswig-Holstein

David geht zu Aaron, dem Geldverleiher. »Aaron, kannst du mir Geld leihen?«

»Natürlich, David.«

»Wie viel Prozent Zinsen wirst du nehmen?«

»Neun Prozent.«

»Aaron, wenn das unser Herrgott sieht, dass du neun Prozent nimmst, was wird er sagen?«

»Nun, nichts wird er sagen! Von oben sieht es aus wie eine Sechs.«

ANETTE KRAMME
MdB, Mitglied im SPD-Bundesvorstand

Nach einer Revolution werden Willy Brandt, Erhard Eppler und Helmut Schmidt vor das Revolutionstribunal gestellt und zum Tode durch Erschießen verurteilt. Der Vorsitzende Richter gewährt jedem aber einen letzten Wunsch.

»Was wünschst du dir, Genosse Brandt?«

»Ich möchte noch eine letzte Nacht mit einer schönen Frau verbringen!«

»Genehmigt«, sagt der Richter, »und du, Genosse Eppler?«

»Ich möchte vor meinem Tod noch eine letzte programmatische Rede an das Volk richten.«

»Auch das sei erlaubt«, antwortet der Richter und wendet sich an Helmut Schmidt. »Was ist dein letzter Wunsch, Genosse Schmidt?!«

»Herr Richter, ich ersuche um sofortige Hinrichtung, bevor Genosse Eppler mit seiner Rede an das Volk beginnt!«

ANNEGRET KRAMP-KARRENBAUER
Ministerpräsidentin des Saarlandes, Mitglied im CDU-Bundespräsidium

Zwei Raben sitzen auf einem Baum und schauen doof. Kommt ein Fuchs vorbei und fragt die beiden Raben: »Was macht ihr zwei da oben?«

Die Raben antworten: »Wir sitzen hier und schauen doof.«

Der Fuchs denkt darüber nach und hält dies schließlich für eine gute Idee. Also setzt er sich unter den Baum und schaut doof.

Da kommt ein Hase vorbei und fragt den Fuchs neugierig: »Fuchs, was machst du denn da?«

Daraufhin der Fuchs: »Na, ich sitze hier und schaue doof.«

Das gefällt dem Hasen, also setzt er sich neben den Fuchs unter den Baum und schaut doof.

Nun sitzen die vier Tiere da und schauen alle doof. Da kommt ein Jäger vorbei. Der Jäger sieht den Hasen und den Fuchs, zögert kurz, nimmt sein Gewehr und schießt. Hase und Fuchs fallen tot um.

Daraufhin fragt der eine Rabe den anderen: »Du, was lernen wir jetzt daraus?«

»Na, man muss hoch oben sitzen, um doof schauen zu können!«

GÜNTER LACH
MdB, CDU

»Wenn du mir fünf Euro gibst, Papa, verrate ich dir, was der Briefträger immer zu Mutti sagt, wenn du Samstagvormittag beim Angeln bist.«

»Abgemacht. Hier sind die fünf Euro. Also, was sagt er zur Mutti, wenn ich zum Angeln bin?«

»Guten Morgen, Frau Schulze. Hier ist die Post!«

PROF. DRES. H. C. MANFRED LAHNSTEIN

MdB, Bundesminister der Finanzen/Bundesminister für Wirtschaft a. D., SPD

Ein alter jüdischer Witz, der so gut zur Euro-Schuldenkrise passt.

Ein Geschäftsmann kommt zum Rabbi und klagt: »Rabbi, alle Leute behaupten, ich sei pleite. Dabei habe ich 100 000 Gulden in bar!«

Der Rabbi antwortet: »Nu, wenn alle Leute sagen, du bist pleite – dann bist du über kurz oder lang pleite!«

RALPH LENKERT
MdB, Die Linke

Was ist bei Politikern eine Berufskrankheit?
Sehnenscheidenentzündung – vom Händeschütteln.

———

Warum können Politiker nicht als Dachdecker arbeiten?
Sie sind nicht schwindelfrei.

DR. TOBIAS LINDNER
MdB, Sprecher für Wirtschaftspolitik, Bündnis 90/Die Grünen

Wie viele FDP-Anhänger benötigt man, um eine Glühbirne zu wechseln? Antwort: keinen. Wenn man die Steuern nur weit genug absenkt und den Markt stark genug dereguliert, so ist die unsichtbare Hand des Marktes so stark, dass sich die Glühbirne von alleine wechseln wird.

DANIELA LUDWIG
MdB, Stellvertretende Vorsitzende der Gruppe der Frauen der CDU/CSU-Bundestagsfraktion, CSU

Frau A aus B erfährt von ihrer Schwangerschaft. Sie besorgt sich daraufhin gängige Literatur für Schwangere und entdeckt dabei im Buchladen ein Buch zum Thema »Erziehung während der Schwangerschaft«. Sie ist sofort interessiert und kauft das Buch. Frau A verschlingt es in nur drei Tagen und will ihrem Kind nun unbedingt bereits während der bevorstehenden neun Monate einige wichtige erzieherische Maßnahmen zugutekommen lassen.

Einige Zeit später erfährt sie, dass sie Zwillinge gebären soll. Es vergeht nun kein Tag, an dem sie ihnen nichts beibringen will. Ganz besonders wichtig ist ihr hierbei die Höflichkeit. Da es zwei Jungs sind, sollen sie später einmal richtige Gentlemen werden. Sie spielt also klassische Musik und liest ihnen die Grundregeln aus dem Knigge vor.

Die Zeit vergeht, und die neun Monate sind um. Die Wehen beginnen, und Frau A wird ins Krankenhaus eingeliefert. Doch trotz starker Wehen und energischem Pressen wollen die Kinder nicht »schlüpfen«. Da entschließt sich der Arzt zum Kaiserschnitt.

Als er den Bauch öffnet, hört er die zwei Kleinen in der Gebärmutter sitzend sagen: »Bitte nach Ihnen!«

»Bitte nach Ihnen!«

»Bitte nach Ihnen, Sie sind der Ältere …«

DR. MICHAEL MEISTER
MdB, Stellvertretender Vorsitzender der CDU/CSU-Fraktion, CDU

Ein Ballonfahrer hat über dem weiten Meer die Orientierung verloren. Da überfliegt er eine ihm unbekannte Insel. Auf dem Boden sieht er einen Spaziergänger. Er lässt seinen Ballon auf Rufweite des Spaziergängers sinken und ruft: »Wo bin ich?«

Der Spaziergänger schaut hinauf, überlegt kurz und antwortet: »In einem Ballonkorb.«

Der Spaziergänger muss ein Mathematiker sein, denkt sich der Ballonfahrer. Die Antwort war präzise, korrekt und absolut unbrauchbar.

DR. MATHIAS MIDDELBERG
MdB, CDU

Ein Mann geht in eine Zoohandlung, um einen Papagei zu kaufen. Der Verkäufer zeigt ihm die drei vorrätigen Exemplare. Der erste Papagei ist bildschön, bunt und krächzt ein freundliches »Hallo«.

»Was kostet der?«, fragt der Mann.

»1000 Euro«, sagt der Verkäufer. »Dafür spricht er auch Englisch.«

»Zu teuer«, antwortet der Mann. »Der hier ist doch sicher billiger?« Dabei deutet er auf den zweiten Papagei, der etwas älter und nicht ganz so schön aussieht.

»2000 Euro«, meint der Verkäufer. »Der spricht nämlich auch noch Französisch und Spanisch.«

»Na gut«, sagt der Mann, »dann eben den hier. Der wird ja wohl billiger sein«, und zeigt auf den dritten Papagei, der noch greiser, grauer und völlig zerrupft auf seiner Stange hockt.

»Nein, der kostet 5000 Euro«, erklärt der Verkäufer.

»Was kann der denn, dass er 5000 Euro kosten soll?«, fragt der Mann entrüstet.

»Das habe ich auch noch nicht herausgefunden, aber die beiden anderen sprechen ihn immer mit ›Herr Vorsitzender‹ an.«

GABRIELE MOLITOR
MdB, FDP

»Was tust du?«
»Ich? Nix.«
»Und du?«
»Auch nix.«
»Und du?«
»Ich helf den beiden.«

———

Was wird aus Anna, wenn sie badet?
Anna-nass!

SEBASTIAN NERZ
Kandidatur für den Deutschen Bundestag, Stellvertretender Vorsitzender der Piratenpartei

In einem Londoner Klub sitzen einige ältere Herren schweigend um einen Tisch. Der erste seufzt. Der zweite tut einen noch tieferen Seufzer. Der dritte stöhnt laut auf. Da sagt der vierte: »Könntet ihr mal aufhören zu politisieren?!«

PROF. DR.-ING. MARTIN NEUMANN
MdB, FDP

Zwei Störche überfliegen einen afrikanischen FKK-Strand, an dem sich deutsche Nudisten tummeln. Staunt der eine: »Sieh dir das an! Alle auf einmal in der Mauser …«

DIRK NIEBEL
MdB, Bundesminister für wirtschaftliche Zusammenarbeit und Entwicklung, Mitglied im FDP-Bundesvorstand

Ein Sozialdemokrat benötigt einen Herzschrittmacher.

Der Arzt fragt: »Einen roten oder einen schwarzen?«

Der Patient: »Natürlich einen roten.«

Der Sozi nach der Operation zum Arzt: »Man sieht doch von außen gar nicht, ob rot oder schwarz. Was ist denn der Unterschied?«

Der Arzt: »Der rote arbeitet nur 35 Stunden in der Woche.«

EDUARD OSWALD
MdB, Bundesminister a. D., Vizepräsident des Deutschen Bundestages, CSU

Ein Schauspieler, schon längere Zeit ohne Engagement, bekommt von seinem Agenten die Anfrage, ob er nicht am Abend im örtlichen Theater für einen Schauspieler einspringen könne. Ohne Näheres zu erfragen, sagt er hocherfreut zu. Am Abend geht er, ohne jegliche Vorbereitung, auf die Bühne. Als ihm die Souffleuse ein Stichwort zurufen will, antwortet er keck: »Keine Details, welches Stück?«

HANS-JOACHIM OTTO

MdB, Parlamentarischer Staatssekretär beim Bundesminister für Wirtschaft und Technologie, FDP

Kolumbus war der erste Sozialist: Als er lossegelte, wusste er nicht, wohin er fuhr. Als er gelandet war, wusste er nicht, wo er war, und als er wieder nach Hause kam, wusste er nicht, woher er gekommen war – und das alles mit dem Geld der Steuerzahler.

DR. JOACHIM PFEIFFER
MdB, Wirtschaftspolitischer Sprecher der CDU/CSU–Bundestagsfraktion, CDU

Die Niederländer haben den dünnsten Draht der Welt entwickelt, nun wollen sie prüfen, ob es auch wirklich der dünnste ist. Also schicken sie den Draht nach Österreich. Nach vier Wochen kommt er mit einem Schreiben zurück: »Draht ist zu dünn, konnten ihn nicht messen!!«

Das ist schon mal ganz gut, aber damit geben sich die Niederländer nicht zufrieden. Also schicken sie den Draht nach Frankreich. Nach zwei Wochen kommt er zurück, wieder ist ein Brief dabei: »Draht ist zu dünn, konnten ihn nicht messen!!« Die Niederländer wollen es jetzt aber ganz genau wissen und schicken den bis jetzt dünnsten Draht der Welt nach Deutschland. Es dauert einen Tag, dann kommt ein Anruf von einem deutschen Ingenieur, der fragt: »Sollen wir ein Gewinde draufschneiden oder ein Loch durchbohren?«

CORNELIA PIEPER
MdB, Staatsministerin im Auswärtigen Amt, FDP

Fragt Eva Adam im Paradies: »Liebst du mich, Adam?«

Adam überlegt und antwortet: »Na wen denn sonst?«

RUPRECHT POLENZ
MdB, im Vorstand der CDU-Landesgruppe NRW, Vorsitzender des Auswärtigen Ausschusses

Ein Deutscher ist in einem ihm fremden Stadtteil unterwegs. Er muss noch ein paar Lebensmittel einkaufen, weiß aber nicht, wo der nächste Laden ist. Da kommt ihm eine Türkin mit vollgepackten Aldi-Tüten entgegen. Er spricht sie an: »'tschuldigung, wo geht's denn hier nach Aldi?«

Sie sagt: »Zu Aldi.«

»Was?«, wundert sich der Mann. »So spät schon?«

ERWIN RÜDDEL

MdB, Beauftragter für Sportfragen der CDU Rheinland-Pfalz

Zwei Politiker auf dem Weg zu einer Sitzung.

»Was sagten Sie neulich in Ihrer Rede zur Steuerreform?«
»Nichts.«
»Das ist mir klar, aber wie haben Sie es formuliert?«

BJÖRN SÄNGER
MdB, FDP

Mustafa, ein alter Araber, lebt seit mehr als 40 Jahren in Chicago. Eines Tages kommt er auf die Idee, dass er in seinem Garten Kartoffeln pflanzen könnte. Da er allein ist, alt und schwach, schreibt er seinem Sohn, der in Paris studiert, eine E-Mail: »Mein lieber Ahmed, ich bin sehr traurig. Ich schaffe es nicht mehr, in meinem Garten Kartoffeln zu pflanzen. Wärst du hier, könntest du mir helfen, den Garten umzugraben. Dein Vater.«

Wenig später erhält der alte Mann eine Antwort seines Sohnes: »Lieber Vater, bitte rühre auf keinen Fall irgendetwas im Garten an. Dort habe ich nämlich ›das Ding‹ versteckt. Dein Sohn Ahmed.«

Keine halbe Stunde später umstellen Spezialeinheiten von FBI und CIA das Haus des alten Mannes. Sie stellen alles auf den Kopf, graben im Garten, suchen jeden Millimeter ab, finden aber nichts. Enttäuscht ziehen sie wieder ab.

Am nächsten Tag erhält der alte Mann noch eine E-Mail von seinem Sohn: »Lieber Vater, ich nehme an, dass der Garten jetzt komplett umgegraben ist und dass du die Kartoffeln pflanzen kannst. Mehr konnte ich nicht für dich tun. In Liebe, Ahmed«

WALTER SCHEEL
Bundesminister für wirtschaftliche Zusammenarbeit/ Bundesminister des Auswärtigen/Vizekanzler/ Bundespräsident/FDP-Vorsitzender a. D.

Der Bundespräsident besucht die Einweihung einer Irrenanstalt. Beim Gespräch mit den ersten Bewohnern wird er von einem Patienten gefragt: »Was sind Sie von Beruf?«

Erwidert der Bundespräsident: »Ich bin Bundespräsident!«

Sagt der Patient: »Sehen Sie, so hat es bei mir auch angefangen.«

PATRICK SCHNIEDER
MdB, CDU

Walter Ulbricht und Mao Zedong unterhalten sich über ihre Innenpolitik.

Ulbricht: »Und wie viele politische Feinde haben Sie in der Volksrepublik China?«

Mao Zedong: »Es werden so ungefähr 17 Millionen sein.«

Ulbricht: »Ja, das ist ungefähr so wie bei uns.«

DR. KRISTINA SCHRÖDER
MdB, Bundesministerin für Familie, Senioren, Frauen und Jugend, CDU

Ein Ehepaar, beide 65, macht zusammen einen Sonntagsspaziergang. Nach einiger Zeit treffen die beiden am Rand einer Waldlichtung eine Fee, die sich an einem Ast einen Flügel eingeklemmt hat. Das Ehepaar befreit die Fee und erhält als Gegenleistung einen Wunsch. Der Mann weiß sofort, was er will, und antwortet der Fee: »Ich wünsche mir, dass meine Frau 20 Jahre jünger ist als ich.«

Simsalabim, der Wunsch geht in Erfüllung – und der Mann ist 85 Jahre alt.

REINHOLD SENDKER
MdB, CDU

Zwei Männer bestellen mittags im Wirtshaus Forelle. Nach langer Wartezeit kommen die Forellen, eine erheblich größer als die andere.

Nun fordert der eine den anderen auf: »Greifen Sie doch bitte zu!«

»Bitte nach Ihnen«, antwortet der andere.

So geht das einige Zeit hin und her. Schließlich ergreift einer die Initiative und entscheidet sich für die deutlich größere Forelle. Erbost springt der andere auf: »Wie können Sie nur als Erster die größere Forelle wählen?«

Da bekommt er die Antwort: »Was hätten Sie denn an meiner Stelle getan?«

Der noch Unversorgte kontert: »Ich hätte selbstverständlich die kleinere Forelle genommen!«

Schlagfertig erwidert der andere: »Was schimpfen Sie dann, Sie haben sie doch!«

DR. CARSTEN SIELING
MdB, Mitglied im SPD-Parteivorstand

In der Weite der norddeutschen Heide hütet ein Schäfer seine Schafe. In Ruhe und Abgeschiedenheit, wie schon seit vielen Jahren. Plötzlich taucht in einer Staubwolke ein großer Wagen auf, bremst quietschend und hält direkt neben der Herde. Die Schafe weiden stoisch weiter.

Ein junger, schneidiger Mann springt aus dem Auto, baut sich vor dem Schäfer auf, mustert ihn und meint: »Wenn ich Ihnen sage, wie viele Schafe Sie haben, darf ich mir eines mitnehmen, okay?«

Der Schäfer schaut den jungen Mann lange an, dann kurz seine friedlich grasenden Schafe und antwortet ruhig: »Dann mal viel Glück, junger Mann.«

Der junge Mann springt an den Kofferraum seines Wagens, verbindet sein Notebook mit dem Handy, geht im Internet auf eine NASA-Seite, scannt die Gegend mithilfe seines GPS-Satellitennavigationssystems, öffnet eine Datenbank und startet seine 60 Excel-Tabellen mit einer Unmenge Formeln. Schließlich druckt er einen 150-seitigen Bericht auf seinem Hightech-Minidrucker aus, dreht sich zu dem Schäfer um und sagt: »Sie haben hier exakt 1586 Schafe.«

Der Schäfer nach einer Weile: »Das ist richtig. Suchen Sie sich ein Schaf aus.«

Der junge Mann nimmt also ein Tier, lädt es in sein Auto ein, springt hinein und will den Wagen starten. Da tritt der Schäfer an die Fahrertür und sagt: »Warten Sie!«

Der Mann guckt entnervt.

»Wenn ich Ihren Beruf errate«, meint der Schäfer, »geben Sie mir das Tier dann zurück?«

Der junge Mann antwortet abschätzig: »Woher wollen Sie wissen, was ich arbeite? Aber klar, versuchen Sie es.«

Der Schäfer sagt: »Sie sind Consultant einer Rating-Agentur.«

Der Mann ist sprachlos: »Das ist richtig, wie sind Sie darauf gekommen?«

»Ganz einfach«, antwortet der Schäfer, »erstens kommen Sie hierher, obwohl Sie niemand gerufen hat. Zweitens sagen Sie mir etwas, das ich ohnehin schon weiß. Und drittens haben Sie keine Ahnung von der Sache. – Und jetzt geben Sie mir meinen Hund zurück!«

DR. MAX STADLER

MdB, Parlamentarischer Staatssekretär bei der Bundesministerin der Justiz, FDP

Der legendäre österreichische Bundeskanzler Bruno Kreisky (der »Sonnenkönig«) wurde in einem Interview gefragt, warum er sich so gerne in Bayern aufhalte. Kreiskys Antwort: »Da ist man nicht mehr in Österreich, aber noch nicht in Deutschland!«

TORSTEN STAFFELDT
MdB, FDP

Wirtschaftspolitik – verständlich erklärt anhand von zwei Kühen

Christdemokrat:
Sie besitzen zwei Kühe. Ihr Nachbar besitzt keine. Sie behalten eine und schenken Ihrem armen Nachbarn die andere. Danach bereuen Sie es.

Sozialist:
Sie besitzen zwei Kühe. Ihr Nachbar besitzt keine. Die Regierung nimmt Ihnen eine ab und gibt diese Ihrem Nachbarn. Sie werden gezwungen, eine Genossenschaft zu gründen, um Ihrem Nachbarn bei der Tierhaltung zu helfen.

Sozialdemokrat:
Sie besitzen zwei Kühe. Ihr Nachbar besitzt keine. Sie fühlen sich schuldig, weil Sie erfolgreich arbeiten. Sie wählen Leute in die Regierung, die Ihre Kühe besteuern. Das zwingt Sie, eine Kuh zu verkaufen, um die Steuern bezahlen zu können. Die Leute, die Sie gewählt haben, nehmen dieses Geld, kaufen eine Kuh und geben diese Ihrem Nachbarn. Sie fühlen sich rechtschaffen. Udo Lindenberg singt für Sie.

Freidemokrat:
Sie besitzen zwei Kühe. Ihr Nachbar besitzt keine.
Na und?

DR. FRANK STEFFEL
MdB, Stellvertretender Landesvorsitzender der Berliner CDU

Horst Köhler wird von einem jungen Chauffeur von Berlin nach Bonn gefahren. Nachdem sie einige Zeit unterwegs sind, fragt Köhler den jungen Mann: »Ich bin schon so lange nicht mehr Auto gefahren. Wäre es in Ordnung, wenn ich einen Teil der Strecke fahre?«

Der junge Chauffeur kann dem Bundespräsidenten a. D. natürlich nichts abschlagen, hält am Straßenrand und tauscht den Platz.

Nachdem Herr Köhler sich an die viele neue Technik gewöhnt hat, gewinnt er zunehmend Spaß am Fahren und durchquert selbst Ortschaften mit 80 Stundenkilometern. In einem Dorf kurz vor Bonn winkt ihn schließlich ein Polizist aus dem Verkehr. Er geht zum Auto, erstarrt und rennt zurück zum Polizeiauto. Aufgeregt ruft er seinen Chef an.

»Chef, ich habe gerade jemand furchtbar Wichtigen aus dem Verkehr gezogen!«
»Wer ist es denn, ein Bundesminister?«
»Nein!«
»Die Kanzlerin persönlich?«
»Nein, auch nicht!«

»Wer denn dann?«
»Ich weiß es nicht, aber er hat Horst Köhler als Fahrer!«

DR. H. C. WOLFGANG THIERSE
MdB, Vizepräsident des Deutschen Bundestages, SPD

Der kürzeste und zugleich bitterste Witz von den/über die Ostdeutschen ist folgender:

Zwei Ossis treffen sich auf Arbeit.

VOLKMAR VOGEL
MdB, Stellvertretender Vorsitzender im Ausschuss des Bundestages für Verkehr, Bau und Stadtentwicklung, CDU

Erich Honecker hält eine Rede zur Entwicklung des Sozialismus.

»Liebe Genossinnen und Genossen«, verkündet er lautstark, »die Entwicklung des Sozialismus ist nicht aufzuhalten! Schon heute bedeckt der Sozialismus ein Fünftel unserer Erde! Und schon bald wird es ein Sechstel, ein Siebtel, ein Achtel, ein Neuntel und ein Zehntel sein!«

OLE VON BEUST
Erster Bürgermeister der Freien und Hansestadt Hamburg a. D., CDU

Zwei jüdische Freunde gehen in einem Restaurant essen und bestellen beide das Gleiche: ein Steak. Das Essen wird auf einer Platte serviert. Dort liegen, nebst Beilagen, ein großes und ein kleines Steak. Der eine sagt generös zu dem anderen: »Nach dir, nimm du zuerst.«

Daraufhin nimmt der andere das größere Steak.

Verärgert daraufhin der erste: »Na ja, an deiner Stelle hätte ich das kleinere genommen.« Daraufhin der andere: »Nu, haste ja auch gekriegt.«

DR. THEO WAIGEL
Bundesminister der Finanzen/CSU-Vorsitzender a. D., Ehrenvorsitzender der CSU

Ein Allgäuer Bauer rechnet damit, dass sein letztes Stündlein gekommen ist. Er beichtet dem Pfarrer nochmals seine Sünden und bereut seine Missetaten. Nachdem ihm der Pfarrer die Lossprechung erteilt hat, fragt er ihn: »Meinst eigentlich, Pfarrer, dass ich einen besseren Platz im Himmel bekäm, wenn ich für deine Kirche noch etwas spenden tät?«

Antwort des Pfarrers: »Garantieren kann ich es dir nicht, aber probieren tät ich es an deiner Stelle schon.«

SABINE WEISS
MdB, CDU

Eine Katze jagt eine Maus über eine grüne Wiese. Die Maus rennt auf eine Kuh zu, die der Maus helfen will. Dazu lässt sie einen dicken Kuhfladen über die Maus fallen. Die Katze erreicht den Ort, sieht den Kuhfladen und das Mausschwänzchen aus dem Fladen herausragen, zieht die Maus am Schwänzchen aus ihrem »Versteck« und verspeist sie. Was sagt uns das?

1. Nicht jeder, der dich in die Sch… hineinbringt, ist dein Feind.

2. Nicht jeder, der dich aus der Sch… herausholt, ist dein Freund.

3. Aber wenn du schon in der Sch… steckst, dann zieh wenigstens den Schwanz ein.

DR. CLAUDIA WINTERSTEIN
MdB, Parlamentarische Geschäftsführerin der FDP-Fraktion

Was macht eine Blondine, wenn der Computer brennt?
Sie drückt die Löschtaste.

DANKE SCHÖN

GESAMMELTE RÜCKMELDUNGEN, EINE AUSWAHL, AUSSCHNITTE

… gerne folgt … Ihrer Bitte. Ich rechne damit, dass Sie eine Antwort am nächsten Donnerstag haben …

… bitte nehmen Sie es mir nicht übel, aber das ist nichts für mich. Ich wünsche Ihnen aber von Herzen Erfolg …

… na schön, aber so einen richtigen Lieblingswitz habe ich nicht. Aber ich mag die kurzen – richtig doofen – wie den da: …

… danke für die erneute Anfrage, aber wir schaffen es leider auch aktuell nicht, … hierfür loszueisen. Wir müssen einfach streng filtern im Moment, weil so viel Pflichtprogramm anliegt …

Ich kann … das Ganze noch mal vorlegen. Was ist denn Ihre Deadline? …

Dr. Klaus Kinkel, Bundesminister der Justiz/Bundesminister des Auswärtigen/Stellvertreter des Bundeskanzlers/ Bundesvorsitzender der FDP a. D.: *… besten Dank für Ihre Zeilen vom heutigen Tage. Ich bin überhaupt kein Witzeerzähler und Witzefreund. Das ist bei einigen bekannt. Es wäre deplatziert, wenn ich jetzt in diesem Kontext auftauchen*

würde. Bitte verstehen Sie das. – Ein Tipp: Wenden Sie sich an Genscher, er ist ein Witze-Freak.

… Das ist ja gar nicht so leicht! Ich habe jetzt aber doch einen Witz gefunden: …

… anbei übersende ich Ihnen einen Beitrag von … für Ihr Buch. Wenn es Rückfragen gibt, melden Sie sich bitte …

… Hier kommt leider etwas verspätet der Lieblingswitz von … Ich hoffe, Sie können damit etwas anfangen …

… zwar bin ich kein Politiker mehr, sondern ein »ehemaliger«, aber wenn's hilft:-): …

… Ich fand ihn immer sehr passend ;-) …

… im Namen von … danke ich Ihnen für Ihre Anfrage. Gerne sende ich Ihnen den Lieblingswitz: …

… nachfolgend eine lustige Geschichte mit ernstem Hintergrund: …

… leider muss ich Ihnen mitteilen, dass … mit ihrem Lieblingswitz nicht mitmachen kann. Wir bekommen so viele Anfragen …

… aber … hat Witz, und das können Sie im SZ-Magazin nachlesen   (http://sz-magazin.sueddeutsche.de/texte/anzeigen/37939/Auf-ein-Wort-Frau-Merkel)

... *Das war so:* »*Haben Sie einen Witz auf Lager?*« ... *Antwort:* »*Ja, immer.*«

... *vielen Dank für Ihre Anfrage. Doch auch wenn Ihr Anliegen sehr amüsant ist, möchte ... doch von einem Beitrag Abstand nehmen ...*

... *wünscht Ihnen viel Erfolg beim Gelingen Ihres Projektes ...*

... *vielen Dank für Ihre E-Mail. ... bat mich, Ihnen zu übermitteln, dass ... sich an Ihrem Buchprojekt nicht beteiligen wird ...*

... *besten Dank für Ihre Anfrage. ... befindet sich allerdings noch in der Babypause, sodass wir sie leider nicht nach ihrem Lieblingswitz befragen können ...*

... *mir fallen da ein paar Witze ein, aber für ... muss ich Sie enttäuschen. Leider hat ... keinen, auch wenn wir den Frohsinn mögen ...*

... *leider muss ich für ... absagen, wenn Sie möchten, dann können wir auch jemand anderen aus unserer Fraktion anfragen ...*

... *vielen Dank für Ihre Anfrage an ... ... ist nach meiner Wahrnehmung sehr humorvoll und hat in der Tat meist mehr als einmal am Tag die Gelegenheit zu lachen. Witze erzählen liegt ... jedoch nicht ... Daher bitte ich um Verständnis, dass wir zu Ihrem Buch leider keinen Beitrag beisteuern können.*

107

Wir wünschen Ihnen dennoch viel Erfolg bei der Witze-Akquise …

… vielen Dank für Ihre Anfrage an … Selbstverständlich hat auch … Humor. Deshalb schicken wir Ihnen wunschgemäß anliegend für Ihr Projekt den Witz von …

… vielen Dank für Ihre Nachricht vom … Witze kann ich nur erzählen, nicht aufschreiben … Ich wünsche Ihnen alles Gute …

… leider kann sich … hier nicht beteiligen. … ist zurzeit im Mutterschutz …

… anbei übersende ich Ihnen den Lieblingswitze von …

…vielen Dank für die Anfrage nach dem Lieblingswitz von … Leider muss ich Ihnen mitteilen, dass … sich nicht an diesem Projekt beteiligen möchte. …wünscht Ihnen für Ihr neues Buchprojekt viel Erfolg und mindestens ebenso viele Lacher …

… erhält sehr viele Anfragen und Bitten dieser Art. … würde sehr gerne allen bei der Realisierung ihrer Vorhaben und Projekte helfen. Dem Engagement für Einzelanfragen sind jedoch Grenzen gesetzt, deswegen bitte ich Sie um Ihr Verständnis, dass … Ihrer Bitte leider nicht entsprechen kann …

… es tut mir leid, aber mir ist immer noch kein Witz eingefallen, der für Ihr Buch geeignet wäre. Es war – entgegen der

Annahme – in den letzten Wochen genauso stressig wie in den Wochen davor. Ich sehe mich also derzeit nicht in der Lage, Ihnen etwas zuzuliefern, und wünsche Ihnen für Ihr Buch viel Erfolg. Sollten Sie einmal ein weiteres Buch planen, können Sie sich gerne wieder an mich wenden. Ich bitte um Verständnis …

… Herzlichen Dank für Ihre E-Mail vom … aber insbesondere dafür, dass in Ihrem Schreiben Begriffe wie Euro oder Griechenland nicht auftauchen! Sie haben meinen Tag gerettet! …

Allerdings: Wieso sollte man nur einmal pro Tag lachen? Ist das nicht ein bisschen wenig? Als Rheinländer von Geburt und aus Überzeugung lache ich gerne und regelmäßig – obwohl es ehrlich gesagt in den letzten Wochen, zumindest hier in Berlin, nicht sehr viel zu lachen gab.

So, jetzt zum ernsten Teil Ihres Anliegens: Ich habe zwar einen Lieblingswitz, bin mir aber nicht sicher, ob man den überall versteht. Die »Geschäftsgrundlage« des Witzes basiert nämlich auf der Tatsache, dass es zwischen der kleineren Landeshauptstadt Düsseldorf und der größten Stadt meines Heimatlandes NRW, meiner Nachbarstadt Köln, eine jahrzehntealte Rivalität gibt. Anders formuliert: Wer nichts von dem – meistens scherzhaft ausgetragenen – Streit zwischen Köln und Düsseldorf weiß, wird über diesen Witz nicht lachen können (Witz siehe Seite 28): …

In der Hoffnung, dass man zumindest darüber schmunzeln kann, verbleibe ich mit besten Grüßen und allen guten Wünschen aus der Hauptstadt.

Ihr Wolfgang Bosbach, MdB

… im Auftrag von … teile ich Ihnen einen Witz mit. Leider können wir mit dem einen konkreten »Lieblingswitz« nicht dienen, denn wer kann sich schon Witze merken! Bitte verzeichnen Sie für … aber bei Bedarf Folgendes: …

… bitte nehmen Sie für … folgenden Witz auf: …

… leider konnte mir … noch nicht seinen Lieblingswitz mitteilen. Bestünde die Möglichkeit, eine Fristverlängerung bis Mitte nächster Woche zu bekommen? …

… weniger Hektik … weil wir mit den Skiern den Ortler unsicher gemacht haben, aber er hat sich ein wenig gewehrt und nun leidet die Schulter meiner Frau, weil sie zunächst einen kleinen Sturz bei einer Abfahrt hatte und dann noch mal bei einem Spaziergang auf die gleiche Stelle fiel. Aber nun holen wir Versäumtes in großen Schritten nach …

… Leider kann ich Ihnen mit keinem Witz dienen. Ich habe nämlich keinen, da ich mir einfach keinen merken, geschweige denn erzählen kann …

… ich habe noch eine kleine Bitte: Würden Sie uns auch auf die Veröffentlichung Ihres Buches hinweisen …

… viel gehört, stammt aber nicht von mir, sondern von wem auch immer, passt zur »typisch deutschen Höflichkeit«, »bitte nach Ihnen …« …

… *Sie hatten um einen Witz für das neue Buch gebeten. … favorisiert den unten stehenden. Ich hoffe, Sie haben so viel Platz. Er ist zugegebenermaßen ein wenig lang, aber dafür witzig, wie ich finde …*

… *meine Lieblingswitze wandeln sich. Derzeit stehe ich auf Witze über Politiker, selbst wenn man manchmal nicht wirklich lachen kann. Sie können sich einen der drei folgenden Witze aussuchen: …*

… *eine schöne Idee … Wir wissen zwar nicht, ob … Erfolg hat, aber einen Versuch ist es wert: …*

… *eine lustige Idee im wahrsten Sinne des Wortes. Gerne steuere ich meinen Lieblingswitz bei: …*

… *vielen Dank für diese nette Idee. Gerne nimmt … teil mit folgendem Lieblingswitz: …*

… *vielen Dank für Ihre interessante Anfrage. … beteiligt sich gerne mit seinem Lieblingswitz: …*

… *mit freundlichen Grüßen von … übersenden wir Ihnen unten stehend ihren Lieblingswitz für das von Ihnen geplante Büchlein …*

… *beiliegend finden Sie den Witz von … für Ihre weitere Verwendung: …*

… vielen Dank für Ihre Anfrage – gerne »erzähle« ich Ihnen nachfolgend meinen aktuellen Lieblingswitz: …

… pflichtet Ihnen völlig bei, einmal pro Tag sollte man lachen können. Das ist gesund und hält jung. Anbei finden Sie den aktuellen Lieblingswitz von …

… zu Ihrem Buchprojekt kann ich folgenden Witz beisteuern: …

… in der Durchsicht war mir noch aufgefallen, dass sich Tippfehler eingeschlichen haben. Der Vollständigkeit halber sende ich Ihnen den Witz noch einmal korrigiert zu: …

… im Namen von … übersende ich Ihnen den gewünschten Witz. Viel Erfolg für Ihr Projekt. Über ein kostenloses Belegexemplar würden wir uns freuen …

… das ist eine schöne Idee, und ich beteilige mich gerne mit einem eigenen Witz: …

… wie wäre es mit einem tierischen Wortspiel …

… durch einen Fehler in unserer Ablage wurde Ihre Mail bisher nicht beantwortet. Falls Sie noch Interesse an meinem Lieblingswitz haben – hier ist er: …

… ja, ich lebe noch, und Sie gehen mir nicht auf die Nerven. :-) Ich bin nur seit Wochen im Landtagswahlkampf. Ich bitte

herzlich um Verständnis ... und möchte nicht mitmachen. Ihrem Buch viel Erfolg! ...

... bitte entschuldigen Sie die späte Antwort, ich war beruflich leider sehr eingespannt. Wie wäre es denn mit diesem Witz: ...

... ich habe mir überlegt, Ihnen doch einen Witz schreiben zu können.

Es handelt sich um ...

... vielen Dank für die interessante Initiative. ...

... es hat sich nichts geändert: Da ... keine Witze erzählt, hat ... auch keinen Lieblingswitz ... weiterhin viel Erfolg für das Projekt ...

Gratuliere zu ... Aber bei uns wird das leider nichts. Beste Grüße und viel Erfolg, und ich kaufe mir auf jeden Fall ein Exemplar.

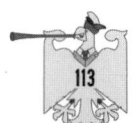

DIE HERAUSGEBER

Hans Peter Brugger ist Texter, Konzepter, Journalist und Autor verschiedener Bücher, darunter *Die Lieblingswitze des Schweizer Parlaments*, das im Wahlherbst 2011 in der Schweiz sehr erfolgreich war. Er studierte Philosophie, Politologie und Publizistik an den Universitäten Zürich und Freiburg. Als ehemaliger Bundeshausredaktor weiß er aus eigener Erfahrung: Politiker mit Humor sind die besseren Politiker.

Ralph Kappes ist eidgenössisch dipl. Kaufmann sowie Werbeleiter SAWI. Gemeinsam mit Hans Peter Brugger arbeitete er jahrelang bei der legendären Schweizer Werbeagentur Aebi & Partner. Der »Exilschweizer« lebt seit 22 Jahren in Hamburg und ist in der Kommunikationsbranche tätig. Er berät zahlreiche deutsche Unternehmen und auch Politiker in PR- und Werbefragen.

MEIN LIEBLINGSWITZ
Damit ich ihn nächstes Mal gleich zur Hand habe:

....

....

....

....

....

....

....

....

....

....

....

....

....

....

....

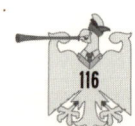

MEIN LIEBLINGSWITZ

Damit ich ihn nächstes Mal gleich zur Hand habe:

....

....

....

....

....

....

....

....

....

....

....

....

....

....

....

....

Der Postillon

Ehrliche Nachrichten – unabhängig, schnell, seit 1845

Stock abgebrochen: Mann walkt tagelang nordic im Kreis

Wiesbaden (dpo) – Nie wieder Nordic Walking! Das hat sich Holger Weiß (61) aus Rambach bei Wiesbaden nach einem wahren Horrortrip geschworen. Vergangenen Samstag machte sich der sportlich aktive Familienvater zu seiner wöchentlichen Runde Nordic Walking auf. Doch als nach ungefähr 500 Metern der rechte Nordic-Walking-Stock aufgrund von Materialermüdung abbrach, nahm das Unglück seinen Lauf. Weil nun der Antrieb auf der einen Seite stärker war als auf der anderen, verlor der Trendsportler die Kontrolle über seine Walkrichtung und war nunmehr dazu verdammt, nordic in Kreisen mit einem

Foto: Holger Weiß vor seinem Unfall

Radius von mehreren 100 Metern zu walken. Vier Tage lang zog Holger Weiß seine Kreise, mehrfach passierte er in dieser Zeit um Hilfe rufend sein eigenes Haus. Doch bevor seine Frau oder einer der Nachbarn reagieren konnte, walkte der 61-Jährige bereits wieder nordic in Richtung Wald. Erst in den gestrigen Abendstunden konnte er von einem Polizeisuchtrupp mit einem beherzten Schuss aus dem Betäubungsgewehr gestoppt werden. Gegenüber dem Postillon kündigte Weiß, der fast verdurstet wäre, an, er wolle in Zukunft nur noch joggen, denn da sei man nicht von anfälligen technischen Hilfsmitteln abhängig.

++++ Dumm gelaufen: Model umgeknickt ++++ Kocht auch nur mit Wasser: Wasserkocher ++++ Ständig zu spät gekommen: Pornodarsteller gefeuert ++++ Zu schnell: Putzfrau verliert Lappen ++++

Studie: Wissenschaftler sind ideale Sexualpartner für attraktive Frauen

Zu wenig Anerkennung: Heiliger Geist verlässt Dreifaltigkeit

Kompromiss: Stromkonzerne stellen atombetriebene Windräder in Aussicht

192 Seiten
Preis: 9,99 € (D)
ISBN 978-3-86883-206-8

Auch als **E-Book** erhältlich

Stefan Sichermann

DER POSTILLON
Ehrliche Nachrichten – unabhängig, schnell, seit 1845

Engagiert, investigativ und stets am Puls der Zeit berichtet die satirische Tageszeitung *Der Postillon* von aktuellen Geschehnissen aus aller Welt. Wenn irgendwo ein politischer Umsturz bevorsteht, sind ihre Reporter als Erste vor Ort (»Vatikanische Demokratiebewegung formiert sich gegen Diktator Benedikt XVI.«). Auch deckte sie einen handfesten Bierskandal auf (»›Jever Fun‹ enthält keinen Alkohol«) und präsentiert laufend Neues aus der Wissenschaft (»Studie: Indianer kennen doch Schmerz«).

Im Netz begeistert *Der Postillon* als einer der erfolgreichsten deutschen Blogs täglich Tausende Leser. Dieses Buch versammelt die besten Artikel und Newstickermeldungen.

Pulpmedia

NUTELLA HAT LICHTSCHUTZ-FAKTOR 9,7
Die volle Dosis unnützes Wissen

Wussten Sie, dass ...

- man mit zugehaltener Nase nicht summen kann.

- Kellnerinnen in der Woche, in der sie ihren Eisprung haben, mehr Trinkgeld als sonst erhalten.

- Ameisen immer nach rechts umfallen, wenn sie vergiftet werden.

208 Seiten
Preis: 8,99 € (D)
ISBN 978-3-86883-201-3

Diese und über 2000 weitere unglaubliche, spannende und skurrile Fakten aus allen Bereichen des Lebens beinhaltet dieses Buch. Zusammengestellt wurden sie auf der großen Facebook-Seite »Unnützes Wissen«, die täglich Tausende Fans begeistert.

Wussten Sie, dass ...

sich männliche Fruchtfliegen mit Alkohol betrinken, wenn sie keinen Sex bekommen?

der Vollmond neunmal so hell ist wie der Halbmond?

das russische Pendant zu Max Mustermann Iwan Iwanowitsch Iwanov heißt?

224 Seiten
Preis: 8,99 € (D)
ISBN 978-3-86883-244-0

Pulpmedia

DIE FREIHEITS-STATUE HAT SCHUHGRÖSSE 1200

Die neue Dosis unnützes Wissen

Diese und weitere unglaubliche, spannende und skurrile Fakten aus allen Bereichen des Lebens beinhaltet dieses Buch. Zusammengestellt wurden sie auf der großen Facebook-Seite »Unnützes Wissen«, die täglich Tausende Fans begeistert

224 Seiten
Preis: 8,99 € (D)
ISBN 978-3-86883-272-3

Mirko Trompetter

DAS LEBEN IST EIN BAUMARKT
Ein Verkäufer erzählt Verbohrtes, Schräges und Behämmertes aus dem Heimwerkerparadies

Männer lieben Baumärkte. Auch diejenigen, die zwei linke Hände haben und einen Hammer nicht von einer Kettensäge unterscheiden können, verfahren gern nach dem Motto: selber machen! Aber wer kennt sich schon mit all dem Zeug aus, von dem viele sich nicht mal die Namen merken können, geschweige denn wissen, wozu es gut ist? Egal, dafür gibt es ja die Verkäufer, die können einem doch alles erklären! Mirko Trompetter kennt sie gut, die selbst ernannten Heimwerkerkönige. Er erzählt in diesem Buch von seinen besten, lustigsten und eigenartigsten Erlebnissen aus dem Baumarktalltag.